Coleção Eu gosto m@is

Educação Musical

Volume 2 — Ensino Fundamental

Marta Deckert

Mestre em Educação (UFPR), especialista em Educação Musical e Regência de Coro Infantojuvenil (Escola de Música e Belas Artes do Paraná – Embap), bacharel em Música (Embap), licenciada em Ciências Biológicas (Unoesc). Atua como professora na área de Educação Musical na Educação Infantil, no Ensino Fundamental e no Ensino Superior. Possui publicações de livros e artigos na área. Ministra palestras, cursos e oficinas para professores especialistas e não especialistas na área de música.

1ª edição
São Paulo
2013

COLEÇÃO EU GOSTO M@IS
Educação Musical – Volume 2
© IBEP, 2013

Diretor superintendente	Jorge Yunes
Diretora adjunta editorial	Célia de Assis
Assessora pedagógica	Valdeci Loch
Editores	Kelle Cristine da Silva
	Ricardo Soares
Revisão técnica	Juliana Gardusi
	Hélcio Hirao
	José Eduardo Bracco
Revisão	Juliana Bassichetti
	Lucy Myrian Chá
	Karina Danza
	Maria L. Favret
	Lucia Helena Ferreira
Coordenadora de arte	Karina Monteiro
Assistentes de arte	Marilia Vilela
	Nane Carvalho
Coordenadora de iconografia	Maria do Céu Pires Passuello
	Ana Claudia Dias
Assistentes de iconografia	Adriana Neves
	Simone da Costa Silva
	Wilson de Castilho
Produção gráfica	José Antônio Ferraz
Assistente de produção gráfica	Eliane M. M. Ferreira
Projeto gráfico	APIS – Design integrado
Diagramação	SG-Amarante Editorial
Ilustrações	Silmara Takazaki Egg
Capa	APIS – Design integrado

CIP-BRASIL. CATALOGAÇÃO NA PUBLICAÇÃO
SINDICATO NACIONAL DOS EDITORES DE LIVROS, RJ

D348e

Deckert, Marta
 Eu gosto m@is Educação Musical Volume 2 / Marta Deckert. – 1. ed. – São Paulo : IBEP, 2013.
 56 p. : il. ; 28 cm. (Eu gosto m@is)

 ISBN 9788534237086 (mestre) / 9788534237031 (aluno)

 1. Música – Instrução e estudo (Ensino Fundamental). 2. Música na educação. I. Título. II. Série.

13-04096   CDD: 780.7
            CDU: 78(07)

15/08/2013   16/08/2013

1ª edição – São Paulo – 2013
Todos os direitos reservados.

Av. Alexandre Mackenzie, 619 – Jaguaré
São Paulo – SP – 05322-000 – Brasil – Tel.: (11) 2799-7799
www.ibep-nacional.com.br   editoras@ibep-nacional.com.br

CTP, Impressão e Acabamento
IBEP Gráfica

APRESENTAÇÃO

Querido aluno, querida aluna,

O ritmo, a sequência de acontecimentos estão presentes no nosso dia a dia. Exemplos disso são o dia e a noite, as estações do ano, as fases da Lua. Tudo acontece de maneira ordenada, seguindo uma sequência própria. No nosso corpo, o ritmo também acontece: no pulsar do coração, na respiração, no movimento dos nossos passos.

E o ritmo também aparece na música.

O presente livro, seu companheiro nesta etapa, vai levá-lo ao mundo dos ritmos musicais. Você irá ao encontro das noções de pulso e de figuras rítmicas. Irá voltar no tempo com Wolfgang Amadeus Mozart e se deliciará com a música de Chiquinha Gonzaga.

Vamos juntos conhecer o mundo dos sons, o mundo da música...

Bom trabalho!

A AUTORA

SUMÁRIO

LIÇÃO		PÁGINA
1	Os sons do ambiente	5
2	Sons naturais e culturais	7
3	O ritmo no nosso dia a dia	9
4	O ritmo na música: o pulso	14
5	O ritmo na música: sons longos e curtos	19
6	O ritmo na música: as figuras rítmicas	23
7	Wolfgang Amadeus Mozart	28
8	Família da percussão	36
9	O ritmo na música: semicolcheia	41
10	Chiquinha Gonzaga	44
11	Músicas e brincadeiras do folclore infantil	51
	Referências	56
	Sugestões de leitura	56

Os sons do ambiente

Diariamente estamos cercados de muitos e variados sons. Em casa, por exemplo, ouvimos as vozes das pessoas com quem convivemos, dos animais, os sons de aparelhos de televisão, do rádio, de *videogame*, do computador, do liquidificador, da máquina de lavar roupas e de objetos como pratos, panelas etc.

1 Desenhe duas fontes que produzem som e que você ouve diariamente em sua casa.

2 Na escola também estamos cercados de uma infinidade de sons: vozes das crianças, dos professores, barulho das brincadeiras etc.
Desenhe duas fontes que produzem som e que você ouve diariamente em sua escola.

3 Mas, além da casa e da escola, há vários outros lugares que frequentamos e nos quais podemos perceber muitos e muitos sons. Represente, por meio de desenho, quatro desses lugares e escreva o nome deles.

1

2

_____   _____

3

4

_____   _____

LIÇÃO 2

Sons naturais e culturais

Podemos classificar os sons de duas formas: os naturais e os culturais.

Os **sons naturais** são aqueles produzidos pela natureza: sons de rio, mar, cachoeira, vento, passarinho, gato, cachorro, trovão etc.

Os **sons culturais** são aqueles produzidos por objetos criados pelo homem, como instrumentos musicais, carro, televisão, aparelho de som, bola, relógio etc.

1 Circule os desenhos que representam seres, objetos ou fenômenos que produzem sons naturais.

Ilustrações: Virinaflora / Colorlife / Viktorus / iStock / Notkoo

2 Recorte, de revistas, jornais ou encartes de propaganda, figuras que representam sons culturais.

LIÇÃO 2

LIÇÃO 3

O ritmo no nosso dia a dia

VAMOS PESQUISAR

1. Você já ouviu as seguintes expressões: "vamos andar no ritmo", "a respiração tem um ritmo", "o coração está com disritmia"? O que significa, nesses casos, a palavra **ritmo**? Escreva a seguir.

_____

_____

Quando falamos em ritmo da respiração, do coração, da pulsação, do andar, por exemplo, estamos falando de movimentos ou sons que se repetem em intervalos de tempo sempre iguais.

Para entendermos melhor, vamos observar o som do relógio. Ele bate sempre no mesmo ritmo, ou seja, no mesmo intervalo de tempo. Os sons se repetem da mesma forma. Chamamos isso de **ritmo métrico**.

Som do relógio

tic   tac

Vamos executar com diferentes sons o "tic, tac" do relógio.

tic   tac   tic   tac   tic   tac

VAMOS BRINCAR

2. Veja a música:

> Tic, tac, tic, tac.
> O relógio bate a hora.
> Tic, tac, tic, tac
> Bate, bate sem parar.

Como brincar:

a) Ande pela sala fazendo o som do relógio: tic, tac.

b) Use instrumentos de percussão – clavas, tambor etc. – para marcar o som do relógio.

c) Fale várias vezes a letra da música, sempre no mesmo andamento.

d) Cante a música.

3. Ouça os sons e numere-os de acordo com a sequência ouvida. A seguir, pinte o quadrado das imagens que representam sons com ritmo métrico.

a)    b)

c) ☐ ☐   d) ☐ ☐

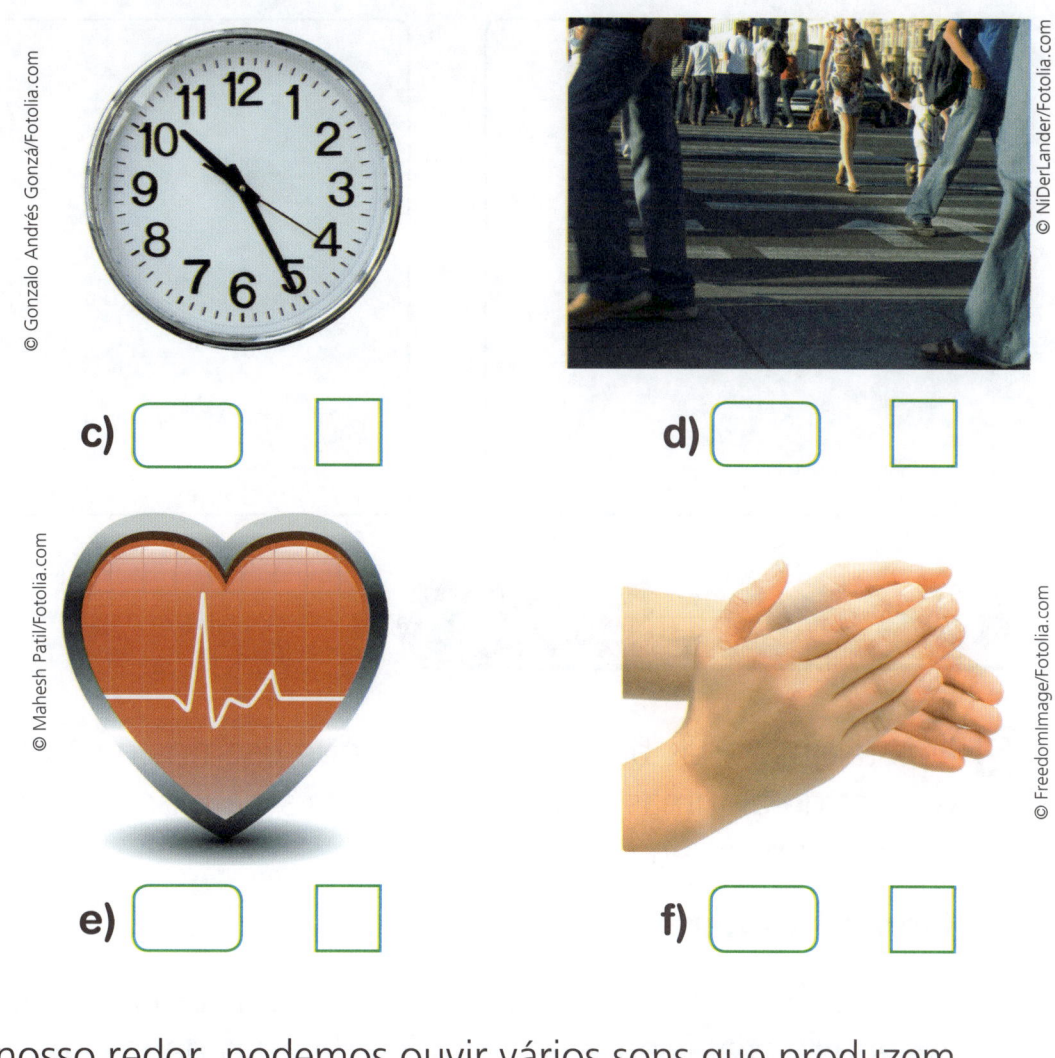

e) ☐ ☐   f) ☐ ☐

4 Ao nosso redor, podemos ouvir vários sons que produzem ritmo métrico. Represente-os, a seguir, por meio de desenhos.

LIÇÃO 3

5. Nós temos várias brincadeiras em que usamos o ritmo. Vamos brincar de algumas delas? A primeira será a brincadeira rítmica com o seu nome.

Como brincar:

Sente-se em círculo, no chão, com as pernas cruzadas. A seguir, faça a sequência rítmica de duas palmas na frente e duas batidas nas pernas.

Diga o seu nome quando fizer as duas batidas nas pernas. Cuidado para não perder o ritmo na brincadeira e para não parar de fazer a sequência rítmica quando falar o seu nome!

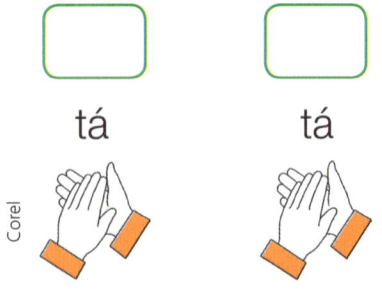

duas palmas   +

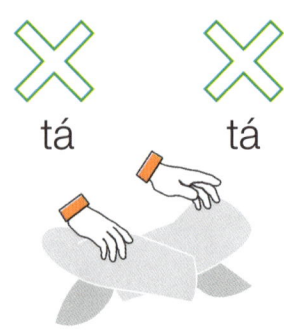

duas batidas nas pernas
(falar o seu nome)

6 De México a Mônaco.

> De México a Mônaco cem léguas há.
> De Mônaco a México cem léguas há.
> De México a Mônaco, de Mônaco a México
> De México a Mônaco cem léguas há.
>
> Domínio público.

Como brincar:

Sente-se no chão, com as pernas cruzadas. A letra é falada no ritmo de *rap*.

Quando falamos a palavra "México" batemos as mãos no alto da cabeça, quando falamos a palavra "Mônaco" batemos as mãos nas pernas, quando dizemos "cem léguas há" batemos palmas na nossa frente.

Variação da brincadeira: dividam-se em três grupos. O grupo 1 falará o trecho da música "De México", o grupo 2 falará "a Mônaco" e o grupo 3 "cem léguas há". Façam a sequência da letra com cada grupo falando a sua parte. Vejam que divertido!

7 Você se lembra de mais alguma brincadeira em que podemos usar palmas para fazer um ritmo? Escreva o nome da brincadeira e aproveite para brincar com seus colegas ou em casa.

LIÇÃO 4
O ritmo na música: o pulso

VAMOS BRINCAR

1. Vamos brincar com a música *Marcha soldado*.

Como brincar:

a) Cante várias vezes a música.

b) Cante andando pela sala.

c) Cante e bata palmas na parte mais forte de cada palavra.

d) Cante tocando um instrumento (clavas, chocalhos, tambor etc.).

Na música *Marcha soldado*, as palmas que nós batemos no tempo forte em cada verso são chamadas de **pulso**.

O pulso é como o "coração da música". Ele "bate" de maneira constante e regular. Pode variar apenas na velocidade, ficando mais rápido, por exemplo, quando estamos correndo, ou lento, quando estamos dormindo.

Toda música tem um pulso.

O *metrônomo* é um aparelho usado pelos músicos para indicar e medir a velocidade do pulso.

Metrônomo

2  Depois de ouvir a música, observe a letra e pinte as partes fortes de cada palavra. Observe que no final de alguns versos podemos ter duas palmas em uma única parte da palavra.

> Marcha soldado
>
> Cabeça de papel
>
> Quem não marchar direito
>
> Vai preso no quartel.
>
> O quartel pegou fogo
>
> Francisco deu sinal
>
> Acode, acode, acode
>
> A bandeira nacional.
>
> Cantiga de roda. Domínio público.

3 Escreva o gráfico das palmas da música. Registre quantas partes fortes temos em cada linha. Use um traço para representar cada parte.

1ª estrofe	2ª estrofe

VAMOS BRINCAR

4 Vamos brincar de trem com a música a seguir.

 Como brincar:

a) Fale no ritmo da música somente a letra.

b) Brinque de trenzinho pela sala.

c) Cante tocando clavas ou chocalho.

Maria-fumaça

Pela estrada afora vai o trem
Maria-fumaça quer parar
Pois quer descansar.
Velha ela está!
Oh! "Seu" maquinista, por favor!

Música e letra de Cecília Cavalieri França.

5 O professor irá escolher algumas músicas para a turma ouvir. Ouça-as e assinale a alternativa correta: música de andamento lento ou rápido.

a) ☐ andamento lento   ☐ andamento rápido

b) ☐ andamento lento   ☐ andamento rápido

c) ☐ andamento lento   ☐ andamento rápido

d) ☐ andamento lento   ☐ andamento rápido

Vários compositores, dentre eles Bach, Haendel, Mozart e Beethoven, utilizaram diferentes andamentos em suas obras.

Johann Sebastian Bach. Johann Jakob Ihle, 1720. Óleo sobre tela.

Retrato de Georg Friedrich Haendel. Obra atribuída a Balthasar Denner, c. 1726. Óleo sobre tela.

Retrato póstumo de Wolfgang Amadeus Mozart. Barbara Krafft, 1819. Óleo sobre tela.

Retrato de Ludwig Van Beethoven ao compor a Missa Solemnis. Joseph Karl Stieler, 1820. Óleo sobre tela.

6 Em um concerto com várias partes, cada uma delas é um andamento. Ouça trechos de uma obra e escreva qual o andamento utilizado.

- Nome da obra:
  Concerto para órgão em G menor, Opus 4 nº 1.

- Compositor:
  G. F. Haendel.

- Nome da obra:
  Concerto para piano nº 5 (Concerto do Imperador).

- Compositor:
  L. V. Beethoven.

LIÇÃO 5

O ritmo na música: sons longos e curtos

1 A música pode ter sons com várias durações, por exemplo, curtos ou longos. Ouça pequenos trechos rítmicos e represente os sons que você ouvir.

Som longo: ▬▬▬▬▬▬

Som curto: ▬▬ ▬▬

a)

b)

c)

d)

2 As palavras também podem ter um ritmo. Represente, usando traços, as seguintes palavras.

a) cho co la te

b) es co la

c) bo la

d) ca der no

3 Represente o ritmo do seu nome:

4 Você conhece a música a seguir? Com certeza, muitas crianças já brincaram com ela. Vamos cantar normalmente e depois "cantar com as mãos". Cantar com as mãos é bater palmas em todas as sílabas das palavras que falamos na música. Experimente ouvir o que saiu. Isto é o ritmo na música.

Teresinha de Jesus

Te - re - si - nha de Je - sus, de uma que - da foi ao chão. A - cu - di - ram três ca - va - lhei - ros. To - dos de cha - péu na mão.

Folclore infantil. Domínio público.

a) Represente, utilizando figuras, o ritmo que você ouviu: para sons mais longos você poderá utilizar figuras grandes, para sons curtos você poderá utilizar figuras menores.

Te-re – si – nha

b) Represente o trecho anterior utilizando traços grandes e traços pequenos.

Te-re – si – nha

5 Vamos trocar os traços e linhas por imagens. Execute os seguintes trechos rítmicos usando palmas.

a)

b)

c)

d)

e)

Ilustrações: Virinaflora

LIÇÃO 5

6 Crie trechos rítmicos nos quadros a seguir. Use figuras grandes e pequenas de acordo com o som que você quer representar.

a)

b)

c)

d)

O ritmo na música: as figuras rítmicas

Nas atividades anteriores, nós fizemos vários trechos rítmicos usando desenhos. Vamos trocar os desenhos por notas musicais. Veja o que acontece:

Uma colcheia se escreve assim:

1. Desenhe semínimas e colcheias de vários tamanhos no quadro a seguir.

2 Desenhe as figuras musicais: uma semínima e duas colcheias.

_____   _____

3 Lendo a escrita musical, vamos executar os seguintes trechos rítmicos.

a) ♩ ♫ ♫ ♩

b) ♫ ♫ ♫ ♩

c) ♫ ♫ ♫ ♫

d) ♩ ♫ ♩ ♫

e) ♫ ♩ ♩ ♩

f) ♫ ♩ ♫ ♩

4 O pulso da música será representado por um quadro.
Que figuras rítmicas podemos colocar dentro de cada pulso? Desenhe-as e execute-as.

LIÇÃO 6

5 Crie os seus trechos rítmicos usando a escrita musical. Escreva uma figura rítmica em cada pulso.

a)

b)

c)

d)

6 Ditado de trechos rítmicos.

a) _____

b) _____

c) _____

d) _____

e) _____

● LIÇÃO 6

7 Ouça os trechos rítmicos e complete-os. A seguir, execute-os.

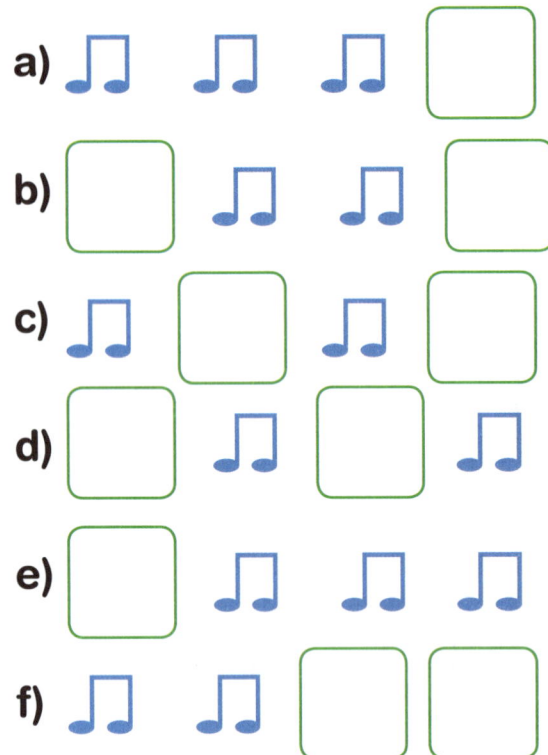

8 Observe a partitura a seguir. Pinte as figuras rítmicas da colcheia e da semínima. Escolha cores diferentes para elas.

9 Escreva o trecho da música *Margarida* utilizando as figuras rítmicas.

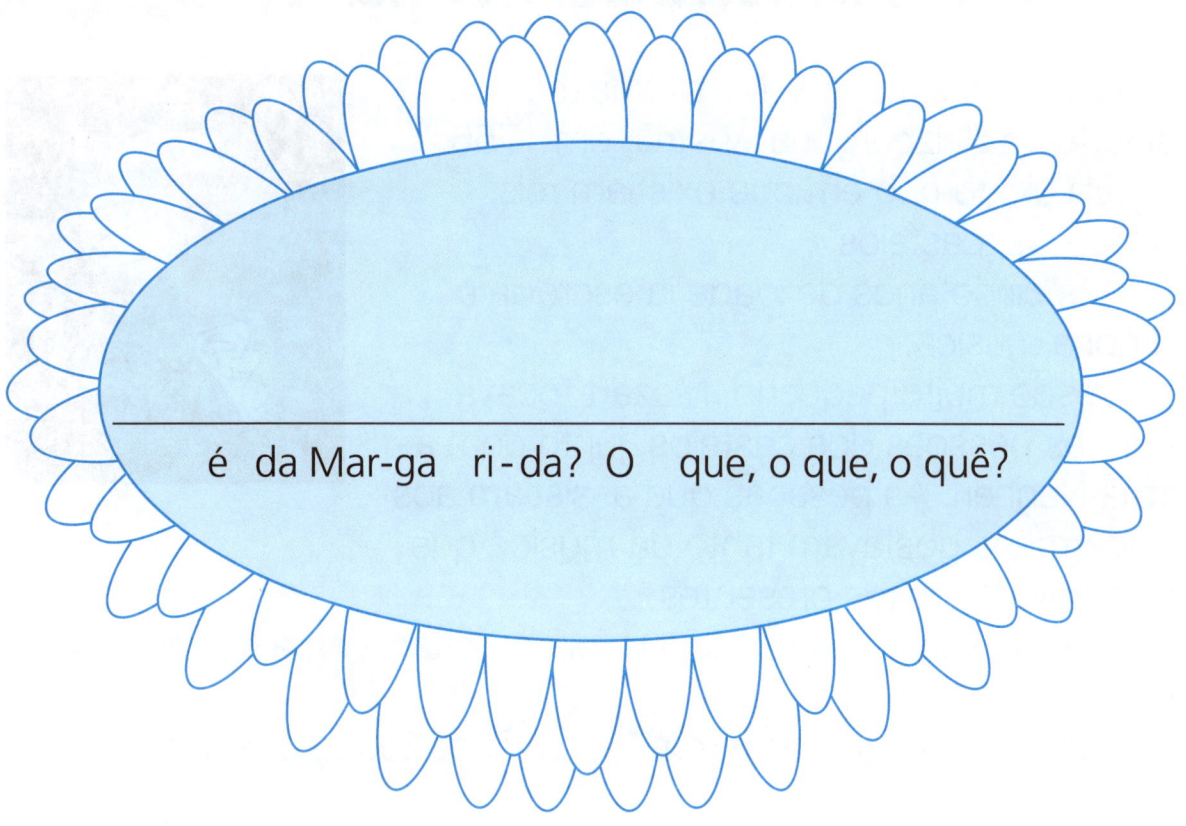

é da Mar-ga ri-da? O que, o que, o quê?

10 Copie os trechos rítmicos propostos pelo professor. A seguir, ouça-os e numere-os de acordo com a sequência ouvida.

a) ☐ _____

b) ☐ _____

c) ☐ _____

d) ☐ _____

e) ☐ _____

f) ☐ _____

LIÇÃO 6

Wolfgang Amadeus Mozart

Wolfgang Amadeus Mozart nasceu na cidade de Salzburg, na Áustria, em 1756.

Era um tempo em que existiam reis, princesas, castelos.

Aos cinco anos de idade já escrevia a própria música.

Desde muito pequeno, Mozart tocava para as pessoas dos castelos, junto com a irmã Nannerl. As pessoas que assistiam aos dois irmãos gostavam tanto da música que lhes davam muitos presentes.

Aos dezessete anos, Mozart foi contratado para trabalhar na corte em Salzburg.

Depois disso, foi morar em Viena, onde tocou e compôs muitas músicas.

Durante sua vida escreveu vários tipos de músicas: sinfonia, concerto, sonata, dança, música sacra, ópera e muito mais.

1 Volte para o texto, procure e pinte nele as seguintes informações e escreva-as a seguir.

a) Nome completo de Mozart: _____

b) País em que nasceu: _____

c) Ano em que nasceu: _____

d) Nome da irmã: _____

e) Cidades onde Mozart morou: _____

2 No texto, aparecem vários tipos de músicas que Mozart compôs. São seis tipos. Procure-as a seguir.

```
D V S I N F O N I A J E
A C P R E R U A X R E S
N V R S C O X C W I T O
Ç S Á Q O B D T O R V T
A E R A N F Ó P E R A M
Q W R T C F A F H J K L
A D F G E H J K L Ç P I
Z M Ú S R C A S A C R A
E R E D T H K U P S A Y
W G F S O N A T A X D T
```

Agora, escreva as palavras que você encontrou no caça-palavras.

a) _____   b) _____

c) _____   d) _____

e) _____   f) _____

3 Você conhece este instrumento musical? Qual é o nome dele? Escreva o nome do instrumento no título do texto a seguir.

Modelo de piano conhecido como piano de armário. No detalhe ampliado, vemos o interior do instrumento, em que as teclas percutem nas cordas.

Em 1711, na cidade de Florença, na Itália, Bartolomeo Cristofori apresentou a sua mais nova invenção: o *pianoforte*. O novo instrumento dava possibilidade aos músicos de fazer sons de várias intensidades, do pianíssimo (fraco) até o fortíssimo, motivo pelo qual levou o nome de *pianoforte*.

Depois disso houve vários aperfeiçoamentos até chegar ao instrumento que conhecemos hoje: o piano.

Mas você sabe de onde surgiu a ideia de fazer o *pianoforte*? Bartolomeo Cristofori era construtor de cravo, instrumento muito usado na época. Em vez de pinçar as cordas como acontecia no cravo, teve a ideia de colocar pequenos martelos para bater nas cordas, modificando assim o som do instrumento.

Cravo

Pianoforte de Bartolomeo Cristofori, fabricado em 1722. Museo Nazionale degli Strumenti Musicali di Roma (Itália).

Piano de cauda

4 A família Mozart viajou por diversos lugares, apresentando-se em salas de concertos, castelos etc. A seguir, vemos a imagem da família Mozart: o pai Leopold, Wolfgang e sua irmã Nannerl.

Leopold Mozart e seus filhos, Wolfgang e Maria Anna. Louis Carrogis Carmontelle. 1763-1764.

a) Qual é o instrumento que Wolfgang Amadeus Mozart está tocando?

_____

b) Qual é o instrumento que Leopold Mozart está tocando?

_____

c) E Nannerl, a irmã de Wolfgang, o que você acha que ela está fazendo?

_____

● LIÇÃO 7

d) Os instrumentos tocados por Wolfgang e seu pai Leopold pertencem a que família de instrumentos?

☐ Família das cordas.

☐ Família dos metais.

☐ Família das madeiras.

☐ Família da percussão.

5 Mozart compôs centenas de músicas, entre elas a *Sinfonia nº 40*, no ano de 1788. Essa sinfonia possui quatro partes:

- Primeiro movimento – *Molto Allegro*
- Segundo movimento – *Andante*
- Terceiro movimento – *Menuetto: Allegretto*
- Quarto movimento – *Allegro Assai*

Vamos ouvir o primeiro movimento da música, um dos mais conhecidos.

6 Utilizando as figuras rítmicas que conhecemos, vamos tentar escrever o início da música *Sinfonia nº 40*. Mas antes:

a) Vamos cantá-lo diversas vezes.

b) Vamos cantá-lo observando um pulso.

c) Vamos bater palmas no ritmo.

d) Tente pensar somente nos três primeiros sons.

e) Agora, tente registrar o ritmo usando as notas musicais.

7 No trecho inicial da música *Sinfonia nº 40*, de Mozart, aparecem as figuras rítmicas que conhecemos. Quais são elas? Escreva-as a seguir e registre a sua figura musical e os seus respectivos nomes.

_____

_____

8 Escreva o nome dos instrumentos que podemos identificar na música.

_____

_____

_____

_____

Veja a partitura do trecho que trabalhamos anteriormente:

9 Mozart escreveu muitas sonatas. A sonata vem sendo utilizada com diferentes significados desde 1600. No entanto, quando chegou na época de Mozart, período da história da música chamado "clássico", a sonata ganhou forma e instrumentação próprias.

Nesse período, podemos definir a sonata clássica como uma composição para instrumentos solistas, geralmente o piano, composta em três movimentos: dois rápidos e um lento.

Um dos movimentos é escrito na forma tradicional, chamada "sonata". Na forma-sonata o compositor apresenta primeiro o tema da sua música – a exposição. Depois ele trabalha todo o tema – o desenvolvimento – e finalmente volta ao tema – a reexposição. Os compositores que mais escreveram sonatas clássicas foram Mozart, Haydn e Beethoven.

a) Ouça *Sonata para piano em dó maior* de Mozart. Pinte os círculos que indicam quando você ouviu as três partes da sonata.

◯ Exposição

◯ Desenvolvimento

◯ Reexposição

b) Qual o é instrumento utilizado na sonata?

_____

10 Pesquise e escreva o nome de algumas obras compostas por Mozart.

a) sonatas para piano

_____

_____

b) sinfonias

_____

_____

c) concertos

_____
_____

d) quartetos

_____
_____
_____

e) danças

_____
_____
_____

f) óperas

_____
_____
_____

g) música sacra

_____
_____
_____

11 Represente por meio de desenho os instrumentos utilizados na época de Mozart:

LIÇÃO 8

Família da percussão

Os instrumentos de percussão são os mais antigos que existem. Sabemos disso pelas pinturas deixadas pelos povos antigos em paredes de cavernas, representando pessoas dançando em torno de um tambor.

Muitos outros objetos musicais também foram encontrados, como toras de árvores fossilizadas, possivelmente usadas como tambores primitivos, e diversas versões de litofones, que são rochas de diversos tamanhos dispostas sobre um tronco ou buraco no chão, usadas para produzir música.

Litofone africano no Museu de Instrumentos Musicais em Berlim, Alemanha.

Pinturas rupestres de bosquímanos no Lake Chivero Recreational Park, Zimbábue.

Tanto na música popular como na música erudita, utilizam-se instrumentos de percussão. Na orquestra podemos encontrar: xilofone, vibrafone, *glockenspiel*, metalofone, carrilhão, bumbo, pratos, caixa-clara, triângulo, castanholas, pandeiro sinfônico, bloco de madeira etc.

Na música popular, podemos encontrar: agogô, afoxé, casaca, caxixi, chocalho, ganzá, pratos, reco-reco, sino, atabaque, bateria, bongô, cuíca, repinique, surdo, tantã, tambor, tamborim, zabumba etc.

Há vários desses instrumentos que tanto podem ser usados para fazer música popular como erudita.

Xilofone	Bumbo	Afoxé
Pratos	Triângulo	Agogô
Caxixi	Atabaque	Bongô
Repinique	Surdo	Zabumba

VAMOS CONSTRUIR

1 Vamos construir um instrumento de percussão: o tambor.

Material:

- Uma lata ou balde grande.

- Um pedaço de tecido não tingido (algodão cru, por exemplo) quadrado, aproximadamente 15 cm maior do que o tamanho da boca da lata ou balde.

- 4 metros de barbante.

- Cola líquida.

Como fazer:

Coloque o tecido na boca da lata ou balde, passando em volta o barbante para fixar bem o tecido.

Puxe o tecido para deixá-lo bem esticado e liso em cima. Com o dedo, passe uma camada bem grossa de cola. Deixe secar por um dia. A seguir, passe novamente até formar uma camada como se fosse couro.

Cada vez que passar a cola, puxe o tecido para que fique bem esticado. Quando estiver tudo seco, o seu tambor estará pronto!

2 Vamos observar e analisar os elementos musicais de uma partitura para instrumentos de percussão: o número de instrumentos, a escrita musical, as figuras rítmicas que nós conhecemos etc.

MARACATU

- caixa (aguda)
- caixa (grave)
- conga
- zabumba marcante
- zabumba marcante
- zabumba (aguda)
- surdo repique
- agogô
- ganzá

LIÇÃO 8

3 Escreva, em forma de partitura musical, dois trechos rítmicos para tocarmos com o nosso tambor.

a) _____

b) _____

4 Crie os seus trechos rítmicos. A seguir, execute-os.

a) _____

b) _____

c) _____

5 Vamos nos dividir em dois grupos, A e B. Juntos, iremos tocar como uma orquestra. Cada grupo lê a sua partitura.

Partitura 1

a) $\frac{4}{4}$ ♩ ♩ ♫ ♩ | ♫ ♩ ♫ ♩ ‖

Partitura 2

b) $\frac{4}{4}$ ♫ ♩ ♫ ♩ | ♩ ♩ ♫ ♩ ‖

6 Ditado rítmico: ouça os trechos rítmicos e registre-os.

a) _____

b) _____

c) _____

d) _____

e) _____

LIÇÃO 9

O ritmo na música: semicolcheia

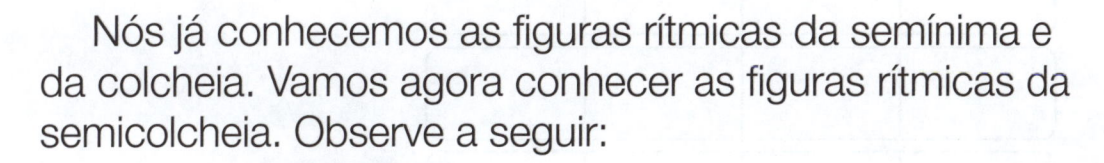

Nós já conhecemos as figuras rítmicas da semínima e da colcheia. Vamos agora conhecer as figuras rítmicas da semicolcheia. Observe a seguir:

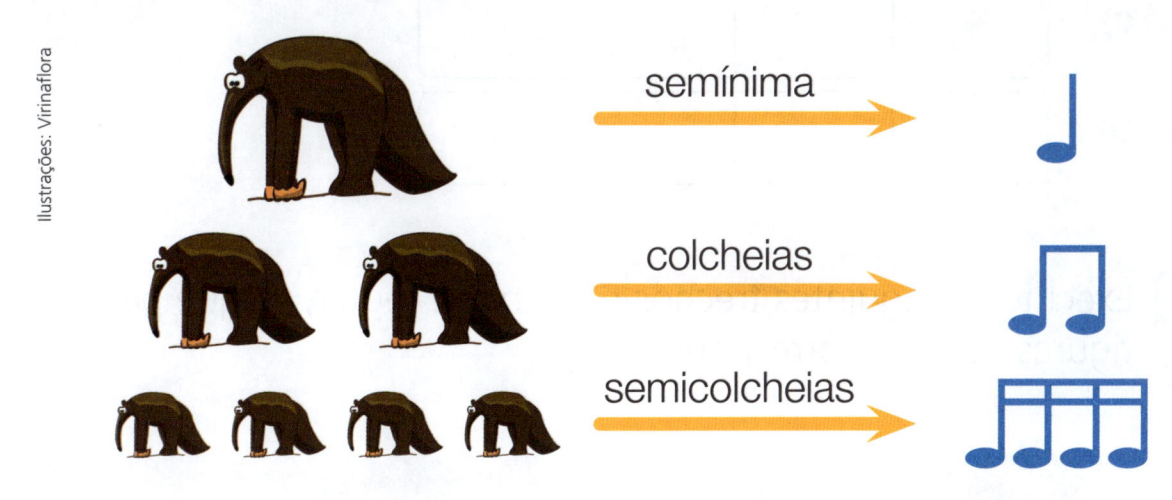

Ilustrações: Virinaflora

semínima →

colcheias →

semicolcheias →

1 Desenhe as figuras da semicolcheia de diferentes tamanhos no quadro a seguir.

2 Observe a partitura *Maracatu* na página 39. Na primeira linha aparece uma sequência de semicolcheias. Escreva-a a seguir.

41

3 Represente, por meio de desenhos, os trechos rítmicos que você ouvirá.

a)

b)

c)

d)

4 Execute os seguintes trechos rítmicos. A seguir, troque pelas figuras rítmicas correspondentes.

a) _____

b) _____

c) _____

5 Ditado rítmico.

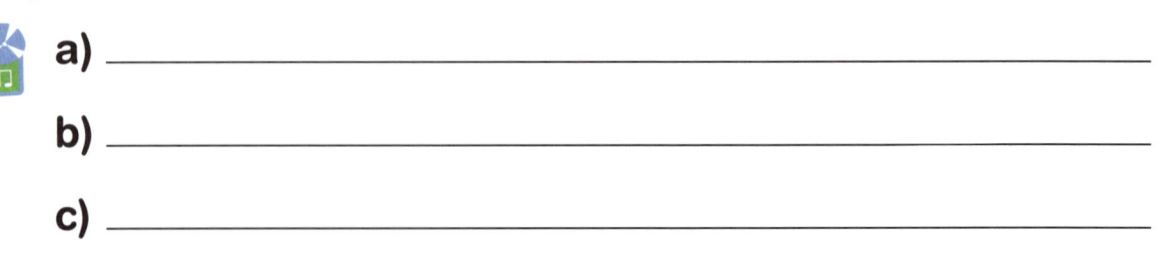

a) _____

b) _____

c) _____

LIÇÃO 9

d) _____

e) _____

6 Ouça os trechos rítmicos e complete-os.
A seguir, execute-os.

a) ♫ _____   ♫ _____

b) _____ _____ ♫ _____

c) _____ ♫ _____ _____

d) _____ _____ _____ ♫

e) _____ ♫ ♫ _____

f) ♫ _____ _____ _____

7 Crie e execute os seus trechos rítmicos, segundo os pulsos propostos em cada compasso.

a) _____

b) _____

c) _____

LIÇÃO 9

LIÇÃO 10

Chiquinha Gonzaga

Chiquinha Gonzaga, de nome Francisca Edwiges Neves Gonzaga, nasceu no Rio de Janeiro em 1847. Ela passou a infância entre as aulas e o quintal, se divertindo com seus irmãos Juca e José Carlos. Adorava brincar, sabia todas as canções de roda e as cantigas de rua. Aos domingos, ia assistir à banda no jardim do Passeio Público.

Chiquinha Gonzaga estudou leitura, escrita, cálculo, história, geografia, francês e latim. Também teve aulas de piano. O tio de Chiquinha, que era flautista, trazia as novidades musicais nas visitas que fazia à sua casa. Aos 11 anos ela apresentou a sua primeira composição musical.

Atraente foi a música que a tornou uma compositora conhecida. Foi composta no ano de 1877.

Chiquinha Gonzaga foi uma mulher de muita coragem. Ela teve de brigar com a sua família e com muita gente para poder fazer de sua música a sua profissão. Pois, em sua época, as mulheres estudavam, aprendiam música, línguas, para se casar, cuidar dos filhos e da casa. Imagine o que era ser uma musicista e tocar em teatros, confeitarias e cafés na época?

Compositora e pianista muito habilidosa, Chiquinha Gonzaga tocou em vários lugares do Rio de Janeiro – uma ousadia para a sua época. Também fez várias músicas para peças de teatro, e foi a primeira brasileira a reger uma orquestra.

Em 1899, compôs a marcha de carnaval *Ô abre alas*, encomendada por um grupo carnavalesco chamado Rosa de Ouro.

Chiquinha Gonzaga faleceu no Rio de Janeiro em 1935, com 88 anos de idade.

História da música popular para crianças. Simone Cit. Curitiba: Edição da autora, 2006. *Chiquinha Gonzaga.* Edinha Diniz. (Coleção Mestres da Música no Brasil.) São Paulo: Moderna, 2001.

1 Pinte as datas que indicam as décadas em que Chiquinha Gonzaga nasceu e faleceu.

1820	1830	1840	1850	1860	1870	1880	1890
1900	1910	1920	1930	1940	1950	1960	1970

a) Chiquinha Gonzaga nasceu no ano de _____

b) Chiquinha Gonzaga faleceu no ano de _____

c) Ela faleceu com quantos anos? _____

2 Circule a resposta certa em cada questão.

- Quais eram as atividades de Chiquinha Gonzaga na infância?

a) Passou a infância ajudando a sua mãe nas tarefas de casa. Frequentava as aulas de balé, coral e latim.

b) Passou a infância entre as aulas e o quintal, se divertindo com seus irmãos Juca e José Carlos. Brincava e sabia todas as canções de roda e as cantigas de rua.

c) Passou a infância cuidando dos seus irmãos, ensinando-os a tocar piano, empinar pipa e jogar bola.

- Quando criança, o que Chiquinha Gonzaga estudou?

a) Estudou inglês, português, matemática, história, geografia e piano.

b) Estudou flauta, piano, latim, inglês e português.

c) Estudou leitura, escrita, cálculo, história, geografia, francês, latim e piano.

- Quando se tornou adulta:

a) Chiquinha casou-se, teve filhos e somente cuidou da casa, como as mulheres de sua época.

b) Tornou-se pianista. Tocava em teatros, confeitarias e cafés. Foi a primeira maestrina brasileira a reger uma orquestra.

c) Casou, teve filhos e se dedicou somente a escrever peças para o teatro.

3 Em 1877, Chiquinha Gonzaga inicia a sua vida profissional como musicista. Escreva a letra inicial de cada figura e descubra o nome da sua primeira música.

4 Ouça a primeira música que Chiquinha Gonzaga compôs e responda:

a) Qual é o instrumento solista que ouvimos?

_____

LIÇÃO 10

b) Cite o nome de um instrumento de percussão que podemos identificar.

_____

c) Essa música foi composta em que ano?

_____

A história dos desfiles de Carnaval

Na Bahia, por volta de 1850, havia a tradição natalina dos "ranchos". Ranchos eram grupos de pessoas que vestiam lindas roupas de pastores, pastoras, mestres-salas, porta-bandeiras, e percorriam um determinado trajeto em direção a um presépio de Natal, ao qual faziam a sua homenagem. Acompanhados por uma pequena orquestra, esses grupos desfilavam, dançando e cantando músicas próprias da ocasião, e sua diversão era pedir dinheiro aos moradores das ruas por onde passavam.

Hilário Jovino Ferreira foi quem levou o rancho para o Rio de Janeiro, transformando-o em grupos carnavalescos. No início eles desfilavam no dia 6 de janeiro (Dia de Reis), depois esse desfile foi transferido para o Carnaval e transformou-se em um sucesso.

Assim começou uma das mais importantes manifestações do Carnaval carioca, o desfile dos ranchos, que se transformou nos desfiles das escolas de samba que temos na atualidade.

Em 1899, Chiquinha Gonzaga escreveu a marcha carnavalesca *Ô abre alas*, tornando-se uma das primeiras musicistas a escrever músicas para o Carnaval. Essa tradição de escrever músicas para o Carnaval se mantém até os nossos dias.

5 Vamos ouvir e cantar a música *Ô abre alas*, de Chiquinha Gonzaga.

> Ô abre alas,
> Que eu quero passar.
> Eu sou da lira,
> Não posso negar.
> Ô abre alas,
> Que eu quero passar.
> Rosa de Ouro é quem vai ganhar.
>
> Chiquinha Gonzaga

6 Todo ano, no Carnaval, ouvimos falar sobre as escolas de samba e os desfiles. Você lembra o nome de algumas delas? Pesquise e escreva.

_____
_____
_____
_____
_____

7 Como é a festa do Carnaval na sua cidade? Há um local para desfiles?

_____
_____
_____
_____
_____

VAMOS PESQUISAR

8 Observe as imagens. No desfile de uma escola de samba, podemos observar uma organização (imagem 1) e elementos como o mestre-sala (imagem 2), a porta-bandeira (imagem 2), e a ala das baianas, que não pode faltar (imagem 3).

Pesquise como é a organização e o que uma escola de samba deve apresentar em seu desfile.

Desfile de Carnaval. Escola se apresentando no sambódromo do Rio de Janeiro.

Mestre-sala e porta-bandeira no desfile da escola de samba Imperatriz Leopoldinense, no Rio de Janeiro.

Ala das Baianas no desfile da escola de samba Imperatriz Leopoldinense, no Rio de Janeiro.

_____
_____
_____
_____
_____
_____
_____

9 Pesquise se em sua cidade ou região há escolas de samba e registre o nome delas a seguir.

_____
_____
_____
_____

LIÇÃO 11

Músicas e brincadeiras do folclore infantil

Todas as crianças gostam de brincar. Há várias músicas e brincadeiras que são ensinadas pelos adultos às crianças. A elas damos o nome de músicas e brincadeiras folclóricas. Pergunte aos mais velhos quais as músicas e as brincadeiras de que eles gostavam quando eram crianças.

Músicas:

1. _____
2. _____
3. _____

Brincadeiras:

1. _____
2. _____
3. _____

VAMOS BRINCAR

1 Vamos brincar com algumas dessas músicas e brincadeiras. Bom divertimento!!!

Escravos de Jó

Escravos de Jó jogavam caxangá.
Tira, põe, deixa ficar.
Guerreiros com guerreiros fazem zigue-zigue-zá [bis].
Escravos de Jó jogavam caxangá.
Tira, põe, deixa ficar.
Guerreiros com guerreiros fazem zigue-zigue-zá [bis].

Folclore infantil. Domínio público.

Como brincar:

Sente-se em círculo no chão. Cada participante deverá ter uma latinha na mão. Cante a música e passe a latinha para o amigo da direita. Passe-a no pulso da música. O objetivo é que todos consigam passar ao mesmo tempo.

Atividade:

2. Observe a partitura e pinte as figuras rítmicas que você conhece.

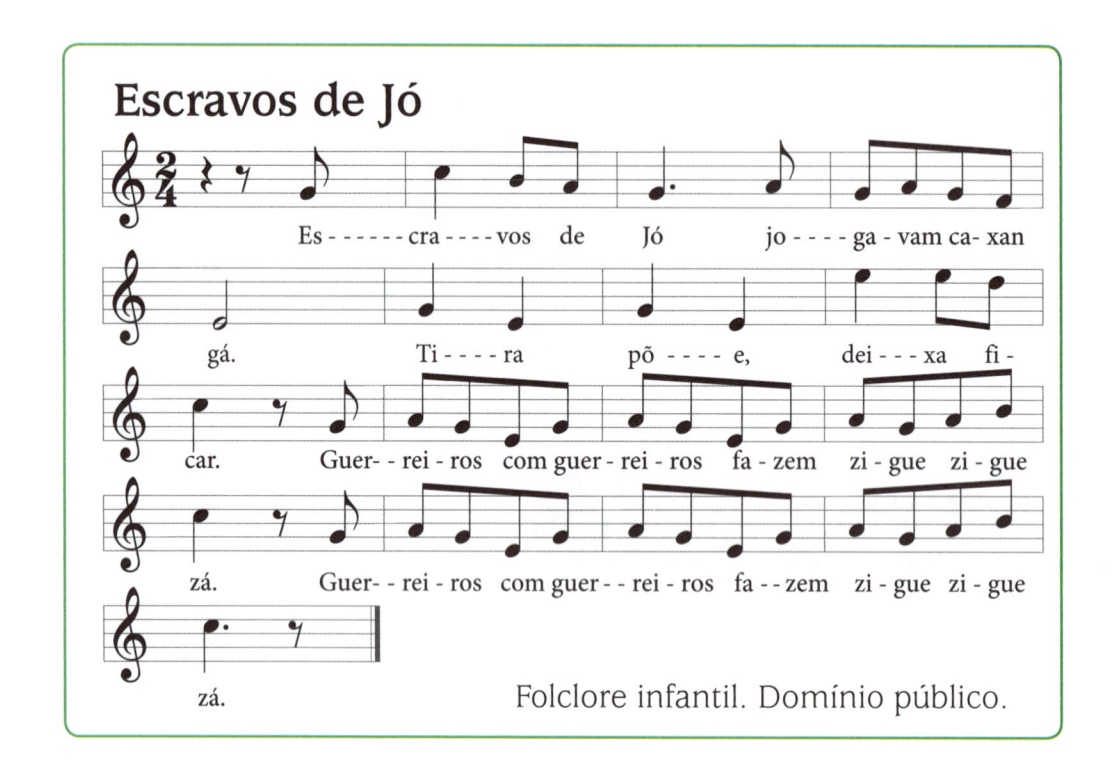

Escravos de Jó

Es---cra---vos de Jó jo----ga-vam ca-xan-gá. Ti----ra põ----e, dei---xa fi-car. Guer--rei-ros com guer--rei-ros fa-zem zi-gue zi-gue zá. Guer--rei-ros com guer--rei-ros fa--zem zi-gue zi-gue zá.

Folclore infantil. Domínio público.

Teresinha de Jesus

Teresinha de Jesus de uma queda
Foi ao chão
Acudiram três cavalheiros
Todos de chapéu na mão
O primeiro foi seu pai
O segundo seu irmão
O terceiro foi aquele
Que a Teresa deu a mão
Da laranja quero um gomo
Do limão quero um pedaço
Da morena mais bonita
Quero um beijo e um abraço

Folclore infantil. Domínio público.

Como brincar:

Em círculo, todos em pé, de mãos dadas rodando e cantando. No centro, fica um aluno que será a "Teresinha". Quando diz "o primeiro foi seu pai, o segundo seu irmão, o terceiro foi...", entram três alunos na roda (escolhidos com antecedência), um a um, para cada personagem da música: pai, irmão e noivo, os quais fazem um círculo no centro e rodam. Terminada a música, cada aluno que está no meio escolhe alguém que está na roda para brincar novamente.

Atividades:

3 Observe a partitura e pinte as figuras rítmicas que você conhece.

Teresinha de Jesus

Te - re - si - nha de Je - sus, de uma que - da foi ao chão. A - cu - di - ram três ca - va - lhei - ros. To - dos de cha - péu na mão.

Folclore infantil. Domínio público.

4 Registre a letra de uma música do folclore infantil que você conhece.

_____
_____
_____
_____
_____
_____
_____
_____
_____

5 Cante com seu professor e amigos da turma as músicas folclóricas a seguir. Brinquem e se divirtam:

A canoa virou

A canoa virou
Pois deixaram ela virar
Foi por causa de [fulana]
Que não soube remar.

Se eu fosse um peixinho
E soubesse nadar
Eu tirava a [fulana]
Do fundo do mar.
Siri pra cá
Siri pra lá
[Fulana] é bela
E quer casar.

Cantiga de roda. Domínio público.

Sapo jururu

Sapo jururu, na beira do rio
Quando o sapo grita ó maninha!
Diz que está com frio

A mulher do sapo
É que está lá dentro
Fazendo rendinha, ó maninha
Pro seu casamento.

Folclore infantil. Domínio público.

Referências

CIT, Simone. *História da música popular para crianças*. Curitiba: Edição da autora, 2006.

DINIZ, Edinha. *Chiquinha Gonzaga*. São Paulo: Moderna, 2001. (Coleção Mestres da Música no Brasil).

Sugestões de leitura

Coleção crianças famosas: Bach, Handel, Mozart, Chopin, Villa-Lobos, Hayden, Brahms, Schubert, Schumann e Tchaikovsky. Susan Hellard, Ann Rachlin. São Paulo: Callis, 1993-2010.

Coleção mestres da música: Beethoven, Tchaikovsky, Bach, Mozart. Mike Venezia. São Paulo: Moderna, 1999.

Coleção mestres da música no Brasil: Chiquinha Gonzaga, Caetano Veloso, Pixinguinha, Gilberto Gil, Chico Buarque, Villa-Lobos. Vários autores. São Paulo: Moderna, 2002-2006.

História da música em quadrinho. Michael Sadler, Denys Lemery e Bernard Deyries. São Paulo: Martins Fontes, 2010.

História da música popular brasileira para crianças. Simone Cit. Curitiba: Edição da Autora, 2006.

A orquestra tintim por tintim. Liane Hentschke, Susana Ester Kruger, Luciana Del Ben, Elisa da Silva e Cunha. São Paulo: Moderna, 2005.